SV

Band 1261 der Bibliothek Suhrkamp

Giuseppe Ungaretti
Das verheißene Land
La terra promessa
Das Merkbuch des Alten
Il taccuino del vecchio

Gedichte
Italienisch und deutsch
Übertragen von Paul Celan

Suhrkamp Verlag

Titel der Originalausgaben: *La terra promessa*
Il taccuino del vecchio
© Arnoldo Mondadori Editore SpA

Erste Auflage 1997
Suhrkamp Verlag Frankfurt am Main
Mit freundlicher Genehmigung des Insel Verlags
© Insel Verlag Frankfurt am Main 1968
Alle Rechte vorbehalten
Druck: Nomos Verlagsgesellschaft, Baden-Baden
Printed in Germany

Das verheißene Land

Canzone
descrive lo stato d'animo del poeta

Nude, le braccia di segreti sazie,
A nuoto hanno del Lete svolto il fondo,
Adagio sciolto le veementi grazie
E le stanchezze onde luce fu il mondo.

Nulla è muto piú della strana strada
Dove foglia non nasce o cade o sverna,
Dove nessuna cosa pena o aggrada,
Dove la veglia mai, mai il sonno alterna.

Tutto si sporse poi, entro trasparenze,
Nell'ora credula, quando, la quiete
Stanca, da dissepolte arborescenze
Riestesasi misura delle mete,
Estenuandosi in iridi echi, amore
Dall'aereo greto trasalí sorpreso
Roseo facendo il buio e, in quel colore,
Piú d'ogni vita un arco, il sonno, teso.

Preda dell'impalpabile propagine
Di muri, eterni dei minuti eredi,
Sempre ci esclude piú, la prima immagine
Ma, a lampi, rompe il gelo e riconquide.

Piú sfugga vera, l'ossessiva mira,
E sia bella, piú tocca a nudo calma
E, germe, appena schietta idea, d'ira,
Rifreme, avversa al nulla, in breve salma.

Rivi indovina, suscita la palma:
Dita dedale svela, se sospira.

Lied
den Gemütszustand des Dichters beschreibend

Nackt, geheimnissatt, so haben die Arme,
die Schwimmer, den Grund des Lethe aufgerollt
und sacht gelöst alle ungestüme Grazie
und alle Müdigkeit, wodurch Licht ward die Welt.

Nichts ist stummer als die seltsame Straße,
wo Blatt weder aufkommt noch fällt oder wintert,
wo keinerlei Ding sich abmüht oder gefällt,
wo kein Wechselspiel ist von Schlafen und Wachen.

Es trat alles vor sodann, unter Durchsichtigkeiten,
die Stunde glaubte gern, als, da die Ruhe
ermattete, da des ausgegrabenen Baum-
wuchses Ziel und Maß neu entfaltet war,
da in den Augen die Echos erstarben, die Liebe
vom Luftstrand aufschreckt', überrascht,
das Dunkel rötend und in dieser Farbe
den Schlaf zum Bogen spannend, straffer als alles Leben.

Der hauchdünnen Mauer-Absenker Beute,
der Minuten ewige Erben,
schließt es uns mehr und mehr aus, das erste Bild,
doch, augenblicksweise, durchbricht es das Eis und hat uns wieder.

Je wahrer, je mehr es sich entzieht: das nicht loslassende Ziel,
das, so es schön ist, an die Ruhe rührt, nackter,
und, kaum ists reine Idee, als Zornkeim
neu erbebt, wider das Nichts, in sterblicher Hülle.

Bäche erräts, es weckt die Palme,
enthüllt labyrinthische Finger, wenns aufseufzt.

Prepari gli attimi con cruda lama,
Devasti, carceri, con vaga lama,
Desoli gli animi con sorda lama,
Non distrarrò da lei mai l'occhio fisso
Sebbene, orribile da spoglio abisso,
Non si conosca forma che da fama.

E se, tuttora fuoco d'avventura,
Tornati gli attimi da angoscia a brama,
D'Itaca varco le fuggenti mura,
So, ultima metamorfosi all'aurora,
Oramai so che il filo della trama
Umana, pare rompersi in quell'ora.

Nulla piú nuovo parve della strada
Dove lo spazio mai non si degrada
Per la luce o per tenebra, o altro tempo.

Mag es die Augenblicke bereiten mit grausamer Klinge,
verwüsten und kerkern mit undeutlicher Klinge,
die Herzen verheeren mit tauber Klinge:
nicht wieder wend ich das starre Aug von ihm ab,
obgleich man, entsetzlich vom kahlen Abgrund,
nicht anders Gestalt kennt denn durch Gerücht.

Und wenn, noch immer abenteuerentbrannt,
da die Augenblicke sich zurückwandten von der Angst zum Ver-
ich Ithakas fliehende Mauern überschreite,   [langen,
weiß ich, allerletzte Verwandlung des Morgenrots,
weiß ich nunmehr, daß der Faden des menschlichen
Einschlags abzureißen scheint in dieser Stunde.

Nichts erscheint neuer als diese Straße,
wo der Raum, sei's durch Licht oder Finsternis,
sei's durch andere Zeit, nie weniger wird.

Di persona morta divenutami cara sentendone parlare

Si dilegui la morte
Dal muto nostro sguardo
E la violenza della nostra pena
S'acqueti per un attimo,
Nella stanza calma riapparso
Il tuo felice incedere.

Oh bellezza flessuosa, è Aprile
E lo splendore giovane degli anni
Tu riconduci,
Con la tua mitezza,
Dove piú è acre l'attesa malinconica.

Di nuovo
Dall'assorta fronte,
I tuoi pensieri che ritrovi
Fra i famigliari oggetti,
Incantano,
Ma, carezzevole, la tua parola
Rivivere già fa,
Piú a fondo,
Il brevemente dolore assopito
Di chi t'amò e perdutamente
A solo amarti nel ricordo
È ora punito.

Von einer Toten, die mir lieb ward,
da ich von ihr sprechen hörte

Der Tod verliert sich
aus unserm stummen Blick,
und das Ungestüm unsrer Qual
legt sich für einen Nu:
durch die stille Stube
kommst du selig geschritten.

Du Biegsam-Schöne, es ist April,
die Jahre leuchten jung herein,
von dir, Sanfte,
hierhergeführt,
wo's herber wurde vor Schwermutswarten.

Aufs neue, von
versonnener Stirn her,
berücken
deine von dir
unter lauter Vertrautem
wiedergefundnen Gedanken;
doch deine Stimme, liebkosend,
schon holt sie aus tieferer Tiefe
ins Leben herauf
den einen Augenblick lang entschlummerten Schmerz
des, der dich liebte und der dich
in ihr, der bloßen Erinnrung
über alles Lieben hinaus zu lieben
bestraft ist.

Cori descrittivi
di stati d'animo di Didone

I

Dileguandosi l'ombra,

In lontananza d'anni,

Quando non laceravano gli affanni,

L'allora, odi, puerile
Petto ergersi bramato
E l'occhio tuo allarmato
Fuoco incauto svelare dell'Aprile
Da un'odorosa gota.

Scherno, spettro solerte
Che rendi il tempo inerte
E lungamente la sua furia nota:

Il cuore roso, sgombra!

Ma potrà, mute lotte
Sopite, dileguarsi da età, notte?

Chöre, Didos Gemütszustände
zu beschreiben

I

Da sich der Schatten verliert,

in der Ferne der Jahre,

als kein reißender Kummer durch dich ging,

da, hör, wie die kindliche
Brust sich dir bäumt, im Verlangen,
wie dein geschrecktes Aug
unbedachtes Aprilfeuer bloßlegt
an duftiger Wange.

Hohn, rühriges Gespenst,
der du die Zeit träg machst
und ihr Wüten vermerkst, langhin:

räums, das zernagte Herz!

Doch kann, da die stummen Kämpfe
schlummern, sie los vom Alter, die Nacht?

II

La sera si prolunga
Per un sospeso fuoco
E un fremito nell'erbe a poco a poco
Pare infinito a sorte ricongiunga.

Lunare allora inavvertita nacque
Eco, e si fuse al brivido dell'acque.

Non so chi fu piú vivo,
Il sussurrio sino all'ebbro rivo
O l'attenta che tenera si tacque.

II

Der Abend, ein Schwebefeuer,
dehnt sich hin,
es geht und geht ein Beben durchs Gras,
als tät es das Endlose neu zum Geschick.

Mondhaft, unbemerkt ward nun geboren
Echo – und ward eins mit dem Schauern der Wasser.

Ich weiß nicht, wer reger war,
das Sich-zum-trunkenen-Bach-hin-Murmeln
oder die Hellhörige, Zartschweigende.

III

Ora il vento s'è fatto silenzioso
E silenzioso il mare;
Tutto tace; ma grido
Il grido, sola, del mio cuore,
Grido d'amore, grido di vergogna
Del mio cuore che brucia
Da quando ti mirai e m'hai guardata
E più non sono che un oggetto debole.

Grido e brucia il mio cuore senza pace
Da quando più non sono
Se non cosa in rovina e abbandonata.

III

Es ist die windstille Stunde,
die meeresstille;
kein Laut; doch ich, ich bin die den Schrei
Schreiende, den Herz-,
den Liebes-, den Schamschrei,
das Herz brennt mir,
seit ich dich ansah, seit du mich ansahst
und ich nur mehr ein Etwas bin ohne Kraft.

Ich schrei und es brennt mein friedloses Herz
seit ich nur dies bin:
ein Trümmerding, allein mit sich selbst.

IV

Solo ho nell'anima coperti schianti,
Equatori selvosi, su paduli
Brumali grumi di vapori dove
Delira il desiderio,
Nel sonno, di non essere mai nati.

IV

Dies und nur dies in meiner Seele: Risse, überwachsen,
Waldäquatoren, über Sümpfen
Dunstgraupen, Nebelklumpen, da,
schlafhindurch, verlangt es, wahnhaft,
nach Ungeborensein.

V

Non divezzati ancora, ma pupilli
Cui troppo in fretta crescano impazienze,
L'ansia ci trasportava lungo il sonno
Verso quale altro altrove?
Si colorí e l'aroma prese a spargere
Cosí quella primizia
Che, per tenere astuzie
Schiudendosi sorpresa nella luce,
Offrí solo la vera succulenza
Piú tardi, già accaniti noi alle veglie.

V

Unentwöhnte noch, doch Mündel,
denen vorschnelle Ungeduld zuwächst:
die sehnenden Ängste, am Schlaf entlang,
welchem andern Anderswo zu beförderten sie uns?
So färbte sich und fing an, Arom zu verströmen
jene Erstlingsfrucht,
die zartlistig
sich öffnend im Licht, überrascht,
ihres Saftes wahre Fülle erst später
hergab, als wir schon ingrimmig Wachende waren.

VI

Tutti gl'inganni suoi perso ha il mistero,
A vita lunga solita corona,
E, in se stesso mutato,
Concede il fiele dei rimorsi a gocce.

VI

Verlustig ging das Geheimnis all seiner Täuschung
– langen Lebens übliche Krone –,
und verwandelt in sich selbst,
gesteht es dir, Tropfen um Tropfen, Gewissensbißgalle zu.

VII

Nella tenebra, muta
Cammini in campi vuoti d'ogni grano:
Altero al lato tuo piú niuno aspetti.

VII

Eine Stumme, umdunkelt,
so schreitest du zu über saatloses Land:
dir zur Seite, stolz, erwartest du keinen.

VIII

Viene dal mio al tuo viso il tuo segreto;
Replica il mio le care tue fattezze;
Nulla contengono di piú i nostri occhi
E, disperato, il nostro amore effimero
Eterno freme in vele d'un indugio.

VIII

Von meinem Gesicht zu deinem kommt dein Geheimnis ge-
das meine spricht deine Züge nach, die geliebten;   [gangen;
unsre Augen erfassen dies eine, sonst nichts,
und unsre kurzlebige Liebe, die Verzweiflerin,
bebt ohne Ende vorm Segel Aufschub.

IX

Non piú m'attraggono i paesaggi erranti
Del mare, né dell'alba il lacerante
Pallore sopra queste o quelle foglie;
Nemmeno piú contrasto col macigno,
Antica notte che sugli occhi porto.

Le immagini a che prò
Per me dimenticata?

Nicht zieht mich an sich das Wandergelände
des Meers und nicht der gramfahl erdämmernde Tag
auf diesem Blatt oder jenem;
nicht einmal sträub ich mich gegen das Felsstück, die alte
Nacht, die ich trag auf den Augen.

Die Bilder, was sollen sie mir,
der Vergessnen?

X

Non odi del platano,
Foglia non odi a un tratto scricchiolare
Che cade lungo il fiume sulle selci?

Il mio declino abbellirò, stasera;
A foglie secche si vedrà congiunto
Un bagliore roseo.

X

Hörst das Platanen-
blatt, hörsts nicht erknistern,
da's aufs Kiesufer sinkt?

Mein Dahin, ich schmücks auf, heut abend;
es wird Laub zu sehn sein, trocknes, und dazu
ein Aufleuchten, hellrot.

E senza darsi quiete
Poiché lo spazio loro fuga d'una
Nuvola offriva ai nostri intimi fuochi,
Covandosi a vicenda
Le ingenue anime nostre
Gemelle si svegliarono, già in corsa.

Und ohne sich Ruhe zu gönnen,
denn es bot ihr Raum
einer Wolke Flucht unsern innersten Feuern,
erwachten, einander bebrütend,
unsre arglosen Seelen:
gezwillingt, schon unterwegs.

XII

A bufera s'è aperto, al buio, un porto
Che dissero sicuro.

Fu golfo constellato
E pareva immutabile il suo cielo;
Ma ora, com'è mutato!

XII

Im Sturm, da öffnete sich, im Finstern, ein Hafen,
der war, hieß es, sicher.

Ein Golf, ausgesternt,
und, so schiens, unwandelbar sein Himmel.
Doch jetzt, wie anders!

XIII

Sceso dall'incantevole sua cuspide,
Se ancora sorgere dovesse
Il suo amore, impassibile farebbe
Numerare le innumere sue spine
Spargendosi nelle ore, nei minuti.

XIII

Sollte, heruntergestiegen von ihrer
zaubrischen Spitze, sie abermals da sein, ihre
Liebe: sie ließe unbeirrt
zählen die zahllosen Dornen, davon die Stunden
vollstehn, die Minuten.

Per patirne la luce,
Gli sguardi tuoi, che si accigliavano
Smarriti ai cupidi, agl'intrepidi
Suoi occhi che a te non si soffermerebbero
Mai piú, ormai mai piú.

Per patirne l'estraneo, il folle
Orgoglio che tuttora adori,
A tuoi torti con vana implorazione
La sorte imputerebbero
Gli ormai tuoi occhi opachi, secchi;
Ma grazia alcuna piú non troverebbero,
Nemmeno da sprizzarne un solo raggio,
Od una sola lacrima,
Gli occhi tuoi opachi, secchi,

– Opachi, senza raggi.

XIV

Ihr Licht zu ertragen:
deine Blicke, die sich verfinstern, verirrt
von seinen gierigen, unerschrockenen
Augen, die nicht verweilen werden bei dir
von nun an, nimmer.

Ihn zu ertragen, ihren seltsamen, tollen
Hochmut, dem du verfallen bliebst,
würden sie, in vergeblichem Flehn, deinem eigenen Unrecht
zuschreiben ihr Los:
die hinfort vernachteten Augen, die deinen, die trocknen;
doch fänden sie keinerlei Gnade fortan, nicht soviel,
daß sich ihr nur ein einziger Strahl
entlocken ließe, eine
einzige Träne:
sie, deine Augen, vernachtet, trocken.

– Vernachtet, strahllos.

Non vedresti che torti tuoi, deserta,
Senza piú un fumo che alla soglia avvii
Del sonno, sommessamente.

Du sähst nur dein eigen Unrecht, Verödete,
du ohne auch nur einen Rauch, der da hinführt zur Schwelle
des Schlafs, lautlos.

Non sfocerebbero ombre da verdure
Come nel tempo ch'eri agguato roseo
E tornava a distendersi la notte
Con i sospiri di sfumare in prato,
E a prime dorature ti sfrangiavi,
Incerte, furtiva, in dormiveglia.

Nicht schattets auf aus Grünem,
wie damals, als du ein Hinterhalt warst, blaßrot,
und es kam die Nacht, sich hinzubreiten,
ihr Verrauchen beseufzend, inmitten der Wiesen,
und du, beim ersten Gegolde,
franstest dich aus, heimlich, halbwach.

XVII

Trarresti dal crepuscolo
Un'ala interminabile.

Con le sue piume piú fugaci
A distratte strie ombreggiando,
Senza fine la sabbia
Forse ravviveresti.

XVII

Auszögest du aus dem Dämmer
eine unendliche Schwinge.

Mit ihren flüchtigsten Federn
schattend vereinzelten Streifen,
vielleicht daß du den Sand
belebtest, ohn Ende.

XVIII

Lasciò i campi alle spighe l'ira avversi,
E la città, poco piú tardi,
Anche le sue macerie perse.

Àrdee errare cineree solo vedo
Tra paludi e cespugli,
Terrorizzate urlanti presso i nidi
E gli escrementi dei voraci figli
Anche se appaia solo una cornacchia.

Per fetori s'estende
La fama che ti resta,
Ed altro segno piú di te non mostri
Se non le paralitiche
Forme della viltà
Se ai tuoi sgradevoli gridi ti guardo.

XVIII

Der Zorn ließ die den Ähren feindlichen Äcker mit sich allein,
und die Stadt, ein weniges später,
selbst ihren Schutt verlor sie.

Aschenreiher seh ich umherirren
zwischen Bruch und Busch,
verängstigt kreischen sie auf bei den Nestern,
bei ihres gefräßigen Nachwuchses Kot,
wenn auch nichts weiter geschieht,
als daß eine Krähe auftaucht.

Er breitet sich aus durch Gestank,
der dir verbliebene Ruhm,
und kein Zeichen sonst deiner selbst läßt du sehn
als nur die Lähmungs-
formen der Feigheit,
wenn ich dich anschau, indessen du widerlich schreist.

XIX

Deposto hai la superbia negli orrori,
Nei desolati errori.

Abgelegt hast du den Hochmut unter den Schrecknissen,
in den Irrnissen, den desolaten.

Recitativo di Palinuro

Per l'uragano all'apice di furia
Vicino non intesi farsi il sonno;
Olio fu dilagante a smanie d'onde,
Aperto campo a libertà di pace,
Di effusione infinita il finto emblema
Dalla nuca prostrandomi mortale.

Avversità del corpo ebbi mortale
Ai sogni sceso dell'incerta furia
Che annebbiava sprofondi nel suo emblema
Ed, astuta amnesia, afono sonno,
Da echi remoti inviperiva pace
Solo accordando a sfinitezze onde.

Non posero a risposta tregua le onde,
Non mai accanite a gara piú mortale,
Quanto credendo pausa ai sensi, pace;
Raddrizzandosi a danno l'altra furia,
Non seppi piú chi, l'uragano o il sonno,
Mi logorava a suo deserto emblema.

D'àugure sciolse l'occhio allora emblema
Dando fuoco di me a sideree onde;
Fu, per arti virginee, angelo in sonno;
Di scienza accrebbe l'ansietà mortale;
Fu, al bacio, in cuore ancora tarlo in furia.
Senza piú dubbi caddi né piú pace.

Tale per sempre mi fuggí la pace;
Per strenua fedeltà decaddi a emblema
Di disperanza e, preda d'ogni furia,
Riscosso via via a insulti freddi d'onde,

Rezitativ des Palinurus

Durch den Orkan am Äußersten des Wütens,
hörte ich nicht, wie sich der Schlaf nachbarlich fügte;
Öl war, weithin, auf Wellentoben,
ein Feld, der Freiheit aufgetan des Friedens,
unendlichen Ergusses Scheinemblem,
das mich beim Nacken packt' und tödlich niederwarf.

Tödliches Mißgeschick des Leibs, das war mein Teil,
hinunter zu den Träumen stieg ich aus dem vagen Wüten,
das sein Emblem umnebelte bis tief hinab,
und, schlau-gedächtnisschwach, stimmlos-schlafend,
aus fernem Echo Gift stieß in den Frieden,
den Müdigkeiten Wellen spendend, nichts als sie.

Zur Antwort hat die Welle keine Frist gewährt,
erbitterter war keiner ihrer Kämpfe, keiner tödlicher,
sie hielten denn den Frieden für der Sinne Pause,
als, mir zum Unheil, sich erhob das andre Wüten,
da wußte ich nicht mehr, wer, Schlaf oder Orkan,
mich aufrieb, da, vor seinem Öd-Emblem.

Wahrsagerisch entließ das Aug da ein Emblem,
aus mir ein Feuer legend an die Sternenfluten;
es war, durch Künste jungfräulich, im Schlaf ein Engel;
des Wissens tödliche vermehrte er, die Angst.
Sein Kuß, dem Herzen war er bohrenderes Wüten,
ich sackte ab – kein Zweifel mehr, kein Frieden.

So floh mich denn für allezeit der Frieden;
durch zähe Treue fiel ich, ein Emblem
der Hoffnungslosigkeit und, Beute allen Wütens,
geschüttelt mehr und mehr von kaltem Wellenhohn,

Ingigantivo d'impeto mortale,
Piú folle d'esse, folle sfida al sonno.

Erto piú su piú mi legava il sonno,
Dietro allo scafo a pezzi della pace
Struggeva gli occhi crudeltà mortale;
Piloto vinto d'un disperso emblema,
Vanità per riaverlo emulai d'onde;
Ma nelle vene già impietriva furia

Crescente d'ultimo e piú arcano sonno,
E piú su d'onde e emblema della pace
Cosí divenni furia non mortale.

wuchs ich mich aus zum Riesen, ganz, vor lauter Todesungestüm,
toller als sie, die's toll aufnahmen mit dem Schlaf.

Je mehr ich mich erhob, je stärker band der Schlaf mich,
hinter des Friedens Rumpf, dem aufgesplitterten,
verzehrten Grausamkeiten, tödliche, die Augen;
bezwungner Steuermann eines Emblems, zerstreut,
es neu zu greifen, nahm ichs auf mit eitler Flut;
doch in den Adern ward die Wut schon Stein,

wachsend aus letztem und geheimstem Schlaf,
und höher als die Flut war ich nun beides:
Emblem des Friedens, Wut nicht-tödlich.

Variazioni su nulla

Quel nonnulla di sabbia che trascorre
Dalla clessidra muto e va posandosi,
E, fugaci, le impronte sul carnato,
Sul carnato che muore, d'una nube...

Poi mano che rovescia la clessidra,
Il ritorno per muoversi, di sabbia,
Il farsi argentea tacito di nube
Ai primi brevi lividi dell'alba...

La mano in ombra la clessidra volse,
E, di sabbia, il nonnulla che trascorre
Silente, è unica cosa che ormai s'oda
E, essendo udita, in buio non scompaia.

Variationen über nichts

Dies Nichts an Sand, das die stumme
Sanduhr durchrinnt und hingeht und sich setzt,
und jene Spuren, flüchtig, auf dem Inkarnat,
die Spuren einer Wolke auf dem Inkarnat, das hinstirbt...

Dann eine Hand, die kehrt die Sanduhr um,
des Sandes Rückkehr zur Bewegung,
das Sich-zu-Silber-Fügen, stumm, der einen Wolke
beim ersten fahlen Aufzucken des Tags...

Die Hand im Schatten kippt' die Sanduhr um,
und jenes Nichts an Sand, das still
hindurchrinnt, es ist alles, was man fortan hört,
und, da's gehört wird, geht es nicht ins Dunkel ein.

Segreto del poeta

Solo ho amica la notte.
Sempre potrò trascorrere con essa
D'attimo in attimo, non ore vane;
Ma tempo cui il mio palpito trasmetto
Come m'aggrada, senza mai distrarmene.

Avviene quando sento,
Mentre riprende a distaccarsi da ombre,
La speranza immutabile
In me che fuoco nuovamente scova
E nel silenzio restituendo va,
A gesti tuoi terreni
Talmente amati che immortali parvero,
Luce.

Dichters Geheimnis

Ich habe die Nacht zur Freundin, nur sie.
Die ich mit ihr durchmessen kann, immer,
von Nu zu Nu, es sind unvergebliche Stunden;
eine Zeit, die mein Herzschlag durchsagt,
wie's mir gefällt, ablenkungslos.

Es geschieht, daß ich spüre,
während sie von den Schatten loswill, wieder,
wie die Hoffnung, unwandelbar,
in mir aufs neue das Feuer aufspürt
und in der Stille
deinen Erden-Gesten
– so sehr geliebt, daß sie mir unsterblich schienen –
zurück- und zurückreicht:
Licht.

Finale

Piú non muggisce, non sussurra il mare,
Il mare.

Senza i sogni, incolore campo è il mare,
Il mare.

Fa pietà anche il mare,
Il mare.

Muovono nuvole irriflesse il mare,
Il mare.

A fumi tristi cedé il letto il mare,
Il mare.

Morto è anche, vedi, il mare,
Il mare.

Finale

Nicht mehr brüllt es, nicht mehr flüsterts, das Meer,
das Meer.

Ohne die Träume ist es ein fahles Feld, das Meer,
das Meer.

Erbarmen tuts einen, auch das, das Meer,
das Meer.

Ungespiegelte Wolken bewegens, das Meer,
das Meer.

Tristem Rauch tritt es sein Bett ab, das Meer,
das Meer.

Auch tot ist, du siehsts, das Meer,
das Meer.

Das Merkbuch des Alten

Ultimi cori
per la terra promessa

I

Agglutinati all'oggi
I giorni del passato
E gli altri che verranno.

Per anni e lungo secoli
Ogni attimo sorpresa
Nel sapere che ancora siamo in vita,
Che scorre sempre come sempre il vivere,
Dono e pena inattesi
Nel turbinío continuo
Dei vani mutamenti.

Tale per nostra sorte
Il viaggio che proseguo,
In un battibaleno
Esumando, inventando
Da capo a fondo il tempo,
Profugo come gli altri
Che furono, che sono, che saranno.

Letzte Chöre
für das verheißene Land

I

Angefügt, nahtlos, ans Heute
die Tage gestern,
die Tage morgen.

Jahre, Jahrhunderte hin, jeden Nu
das Noch-am-Leben-Sein als Überraschung,
das Immer-und-immer-Dahin des Lebens,
Geschenke, so unverhofft wie Pein,
im unaufhörlichen Wirbel
all des vergeblichen Wechsels.

So, durch unser Geschick,
meine Reise und Weiterreise,
im Handumdrehn
grab ich die Zeit aus, erfind sie
vom Grund bis zum Scheitel,
ein Flüchtling, den andern gleich,
die waren, die sind, die sein werden.

Se nell'incastro d'un giorno nei giorni
Ancora intento mi rinvengo a cogliermi
E scelgo quel momento,
Mi tornerà nell'animo per sempre.

La persona, l'oggetto o la vicenda
O gl'inconsueti luoghi o i non insoliti
Che mossero il delirio, o quell' angoscia,
O il fatuo rapimento
Od un affetto saldo,
Sono, immutabili, me divenuti.

Ma alla mia vita, ad altro non più dedita
Che ad impaurirsi cresca,
Aumentandone il vuoto, ressa di ombre
Rimaste a darle estremi
Desideri di palpito,
Accadrà di vedere
Espandersi il deserto
Sino a farle mancare
Anche la carità feroce del ricordo?

Ein Tag, der sich verfugt in die Tage: wenn ich,
noch darauf bedacht, mich darin versammle, mich darin
wiederfinde und wähle nun diesen Nu,
so prägt er sich meinem Sinn ein für immer.

Person, Gegenstand, Begebnis,
Orte unheimlich und Orte nicht unvertraut,
die den Wahn schürten, oder die Angst,
oder Verzückungen obenhin,
oder Herzliches, stark:
sie sind ich geworden, unverrückbar.

Doch meinem Leben, dem Selbsterschrecken und sonst
keinem geweiht: es wächst ihm zu,
die Leere erweiternd, ein Schattengedränge,
übriggeblieben, ihm letzte
Sehnsuchtspulse zu leihen,
wird ihm zuteil
der Anblick der expandierenden Wüste,
bis ihm auch dieses abgeht: die Raubtier-
Barmherzigkeit der Erinnrung?

3

Quando un giorno ti lascia,
Pensi all'altro che spunta.

È sempre pieno di promesse il nascere
Sebbene sia straziante
E l'esperienza d'ogni giorno insegni
Che nel legarsi, sciogliersi o durare
Non sono i giorni se non vago fumo.

Wenn ein Tag dich daläßt,
denk du an den, der anbricht.

Stets ist Geburt voll Verheißung,
auch wo sie reißt an den Herzen,
auch wo das täglich Erfahrene lehrt,
es seien im Sichbinden, im Sichlösen, im Dauern
die Tage Rauch, der verfließt.

4

Verso meta si fugge:
Chi la conoscerà?

Non d'Itaca si sogna
Smarriti in vario mare,
Ma va la mira al Sinai sopra sabbie
Che novera monotone giornate.

4

Auf ein Ziel hält die Flucht zu:
wer kennts?

Nicht von Ithaka träumt sichs,
ihr auf wechselnden Meeren Verirrte,
es steht der Sinn nach Sinai-über-den-Sanden,
der zählt Einerlei-Tage.

Si percorre il deserto con residui
Di qualche immagine di prima in mente,

Della Terra Promessa
Nient'altro un vivo sa.

Die Wüste durchqueren mit Resten
einiger Bilder von einst im Sinn,

vom Gelobten Land:
nichts sonst weiß ein Lebender von ihm.

All'infinito se durasse il viaggio,
Non durerebbe un attimo, e la morte
È già qui, poco prima.

Un attimo interrotto,
Oltre non dura un vivere terreno:

Se s'interrompe sulla cima a un Sinai
La legge a chi rimane si rinnova,
Riprende a incrudelire l'illusione.

Die Reise, hielt' sie auch unendlich vor,
sie währte keinen Nu, und der Tod
ist schon zur Stelle, kurz davor.

Ein Augenblick, unterbrochen –
kein Leben, irdisch, dauert über ihn hinaus:

brichts ab, auf Sinaigipfeln,
wer da bleibt, ihm erneuert sich das Gesetz,
abermals wütet die Täuschung.

7

Se una tua mano schiva la sventura,
Con l'altra mano scopri
Che non è il tutto se non di macerie.

È sopravvivere alla morte, vivere?

Si oppone alla tua sorte una tua mano,
Ma l'altra, vedi, subito t'accerta
Che solo puoi afferrare
Bricioli di ricordi.

Umgeh das Unglück mit der einen Hand,
du entdeckst mit der andern:
es ist das Ganze Schutt, sonst nichts.

Den Tod überleben, soll das heißen: leben?

Es geht die eine deiner Hände an gegen dein Los,
doch gleich, sieh her, da vergewissert dich die andre,
daß du dir bloß das eine greifst:
Erinnrungskrümel.

Sovente mi domando
Come eri ed ero prima.

Vagammo forse vittime del sonno?

Gli atti nostri eseguiti
Furono da sonnambuli, in quei tempi?

Siamo lontani, in quell'alone d'echi,
E mentre in me riemergi, nel brusío
Mi ascolto che da un sonno ti sollevi
Che ci previde a lungo.

Oft frag ich mich,
wie du wohl warst, wie ich war, früher.

Ob wir dahintrieben, Opfer des Schlafs?

Damals, alles Getane –
wars Schlafwandlerwerk?

Fern, im Echohof, sind wir,
in mir tauchst du herauf, aufs neue, ich höre
mich im Gewisper, das hebst du aus einem Schlaf,
der sah uns voraus, lang schon.

Ogni anno, mentre scopro che Febbraio
È sensitivo e, per pudore, torbido,
Con minuto fiorire, gialla irrompe
La mimosa. S'inquadra alla finestra
Di quella mia dimora d'una volta,
Di questa dove passo gli anni vecchi.

Mentre arrivo vicino al gran silenzio,
Segno sarà che niuna cosa muore
Se ne ritorna sempre l'apparenza?

O saprò finalmente che la morte
Regno non ha che sopra l'apparenza?

Jahraus, jahrein, sooft ich entdecke, daß
der Februar ein Empfindsamer ist, ein Schamverwirrter,
ist, ein Tupfenflor, mit einemmal gelb
die Mimose da. Sie steht ins Fenster
der Wohnstatt von einst,
der Wohnstatt hier, wo ich die alten Jahre hinbring.

Sollte sie, da ich neben das große Schweigen zu stehn komm,
ein Zeichen sein dafür, daß nichts stirbt,
das, sein eigener Schein, zurück- und zurückkommt?

Oder erfahr ich am Ende, es habe der Tod
über eins nur Gewalt: den Schein?

Le ansie, che mi hai nascoste dentro gli occhi,
Per cui non vedo che irrequiete muoversi
Nel tuo notturno riposare sola,
Le tue memori membra,
Tenebra aggiungono al mio buio solito,
Mi fanno piú non essere che notte,
Nell'urlo muto, notte.

Die sehnenden Ängste, die du mir verborgen hast drin in den
bewirken, daß ich sie nicht sehe in ihrer Unrast   [Augen,
auf deinem Nachtlager, Einsame:
deine erinnernden Glieder,
meinem Dunkel setzen sie Finsternis zu,
das macht, ich bin nur noch Nacht,
im stummen Schrei, Nacht.

È nebbia, acceca vaga, la tua assenza,
È speranza che logora speranza,

Da te lontano piú non odo ai rami
I bisbigli che prodigano foglie
Con ugole novizie
Quando primaverili arsure provochi
Nelle mie fibre squallide.

Nebel dein Fortsein, vage Blendung,
Hoffnung, Hoffnung zerrüttend,

weitab von dir hör ich das Laub
nicht flüstern und sich verflüstern im Baum,
mit Neulingsstimmen,
wenn du Frühlingsbrand schürst
in meinen Elendsfibern.

L'Ovest all'incupita spalla sente
Macchie di sangue che si fanno larghe,
Che, dal fondo di notti di memoria,
Recuperate, in vuoto
S'isoleranno presto,
Sole sanguineranno.

Der Westen – auf dunkelnder Schulter fühlt er
Blutflecken, die wachsen sich aus,
die werden, heraufgeholt
aus Erinnerungsnächten,
sich vereinzeln im Leeren, schleunigst,
bluten, für sich.

Rosa segreta, sbocci sugli abissi
Solo ch'io trasalisca rammentando
Come improvvisa odori
Mentre si alza il lamento.

L'evocato miracolo mi fonde
La notte allora nella notte dove
Per smarrirti e riprenderti inseguivi,
Da libertà di piú
In piú fatti roventi,
L'abbaglio e l'addentare.

Geheime Rose, öffnest dich überm Abgrund,
nur daß ich auffahr, erinnernd,
wie du Düfte herzauberst,
während es aufklagt.

Das heraufgerufene Wunder schmilzt mir
die Nacht in die Nacht nun, wo du,
irrezugehn und dich wiederzufinden, aus warst nach
ihnen, den von der Freiheit
rot- und rötergeglühten:
Blendung und Zähne-Zugriff.

Somiglia a luce in crescita,
Od al colmo, l'amore,

Se solo d'un momento
Essa dal Sud si parte,
Già puoi chiamarla morte.

Dem Lichtwuchs, gipfelhin, ihm
gleicht die Liebe,

kaum löst sie vom Süden sich, schon
kannst du sie so nennen:
Tod.

Se voluttà li cinge,
In cerca disperandosi di chiaro
Egli in nube la vede
Che insaziabile taglia
A accavallarsi d'uragani, freni.

Gürtet Lust sie aneinander,
erblickt, auf verzweifelter Helligkeitssuche,
er im Gewölk sie,
da, unersättlich, zerschneidet
sie den sich jagenden Stürmen die Zügel.

Da quella stella all'altra
Si carcera la notte
In turbinante vuota dismisura,

Da quella solitudine di stella
A quella solitudine di stella.

Stern-zu-Stern, zwischenein
kerkert die Nacht sich,

Unmaß, kreisendes, leeres,
von dieser Sterneinsamkeit
zu jener Sterneinsamkeit.

Rilucere inveduto d'abbagliati
Spazi ove immemorabile
Vita passano gli astri
Dal peso pazzi della solitudine.

Erglänzen, ungesehn, von geblendeten
Räumen, wo die Gestirne
unvordenkliches Leben hinbringen, von
der Wucht der Einsamkeit irr.

Per sopportare il chiaro, la sua sferza,
Se il chiaro apparirà,

Per sopportare il chiaro, per fissarlo
Senza battere ciglio,
Al patire ti addestro,
Espío la tua colpa,

Per sopportare il chiaro
La sferza gli contrasto
E ne traggo presagio che, terribile,
La nostra diverrà sublime gioia!

Die Helle zu ertragen, den Geißel-
hieb, wenn die Helle aufscheint,

die Helle zu ertragen, unverwandten
Blicks, ohne Wimpernschlag,
leid ich dich zu,
büß ich ab deine Schuld,

die Helle zu ertragen,
geißl' ich zurück
und weiß voraus: furchtbar
wandelt sich unsre Freude zur höchsten.

Veglia e sonno finiscano, si assenti
Dalla mia carne stanca,
D'un tuo ristoro, senza tregua spasimo.

Kein Wachen mehr und kein Schlafen und abwesend
sei mir aus meinem müden
Fleisch der pausenlos quälende Wunsch
nach Stärkung von dir her.

Se fossi d'ore ancora un'altra volta ignaro,
Forse succederà che di quel fremito
Rifrema che in un lampo ti faceva
Felice, priva d'anima?

Ein abermals Stundenvergeßner – wär ichs, vielleicht daß von
das Beben mich neu überbebte, jenes,   [da her
das dich im Nu beseligte, Seelen-
lose.

Darsi potrà che torni
Senza malizia, bimbo?

Con occhi che non vedano
Altro se non, nel mentre a luce guizza,
Casta l'irrequietezza della fonte?

Sollt es so kommen, daß ich
arglos verkinde?

Und habe Augen, die sehn bloß,
ein zuckendes Licht lang,
die Unrast, keusch, einer Quelle?

È senza fiato, sera, irrespirabile,
Se voi, miei morti, e i pochi vivi che amo,
Non mi venite in mente
Bene a portarmi quando
Per solitudine, capisco, a sera.

Nicht atembar der Abend, kein Lufthauch,
wenn ihr, meine Toten, und ihr gezählte Lebende, die ich liebe,
mir nicht in den Sinn kommt,
glückbringend, während
ich begreife, aus Einsamkeit, abends.

In questo secolo della pazienza
E di fretta angosciosa,
Al cielo volto, che si doppia giú
E piú, formando guscio, ci fa minimi
In sua balía, privi d'ogni limite,
Nel volo dall'altezza
Di dodici chilometri vedere
Puoi il tempo che s'imbianca e che diventa
Una dolce mattina,
Puoi, non riferimento
Dall'attorniante spazio
Venendo a rammentarti
Che alla velocità ti catapultano
Di mille miglia all'ora,
L'irrefrenabile curiosità
E il volere fatale
Scordandoti dell'uomo
Che non saprà mai smettere di crescere
E cresce già in misura disumana,
Imparare come avvenga si assenti
Uno, senza mai fretta né pazienza
Sotto veli guardando
Fino all'incendio della terra a sera.

In diesem Jahrhundert der Geduld
und der bangen Eile,
dem Himmel zugewandt, der sich
nach untenhin doppelt und kammert
und uns, die in seiner Gewalt Befindlichen,
verwinzigt und entgrenzt,
kannst du im Höhenflug, zwölf Kilometer
über der Erde, die Zeit sehn,
wie sie sich weiß färbt und zum
milden Morgen wird,
kannst du – es kommt
aus dem Raum rundum nichts,
das dich erinnerte, daß sie
dich hochschleudern mit
einer Geschwindigkeit von
tausend Meilen pro Stunde,
und du vergißt
die unbezähmbare Neugier
und das fatale Wollen des Menschen,
der das Wachsen nicht lassen kann
und schon wächst in unmenschlichem Maß –,
kannst du lernen, wie's kommt, daß einer
fortgeht, ohne Eile und ohne Geduld,
und sieht zu, hinter Schleiern,
bis zum Entbrennen der Erde, abends.

Mi afferri nelle grinfie azzurre il nibbio
E, all'apice del sole,
Mi lasci sulla sabbia
Cadere in pasto ai corvi.

Non porterò piú sulle spalle il fango,
Mondo mi avranno il fuoco,
I rostri crocidanti
L'azzannare afroroso di sciacalli.

Poi mostrerà il beduino,
Dalla sabbia scoprendolo
Frugando col bastone,
Un ossame bianchissimo.

Es soll mich greifen, mit seinen blauen Fängen, der Geier,
und mich, wenn die Sonne zuhöchst steht,
in den Sand fallen lassen,
ein Rabenfraß.

Kein Schlamm mehr auf meinen Schultern,
rein, so haben mich die Feuer,
die krächzenden Schnäbel,
die Pestzähne der Schakale.

Dann kommt der Beduine daher,
mit dem Stöberstock,
und klaubts heraus aus dem Sand:
ein Gerippe, weißer als weiß.

Calava a Siracusa senza luna
La notte e l'acqua plumbea
E ferma nel suo fosso riappariva,

Soli andavamo dentro la rovina,

Un cordaro si mosse dal remoto.

Es kam die Nacht herunter, mondlos,
auf Syrakus, und das Wasser, bleiern
und stet, war wieder da, im Graben,

wir schritten durch die Trümmer, unbegleitet,

ein Seiler in der Ferne rückte näher.

Soffocata da rantoli scompare,
Torna, ritorna, fuori di sé torna,
E sempre l'odo piú addentro di me
Farsi sempre piú viva,
Chiara, affettuosa, piú amata, terribile,
La tua parola spenta.

Weggeröchelt,
da, wieder da, außer sich wieder da,
tiefer in mir und tiefer, ich hör es,
reger, lebendiger,
heller, inniger, stärker geliebt, furchtbar:
dein Wort, das erloschne.

L'amore più non è quella tempesta
Che nel notturno abbaglio
Ancora mi avvinceva poco fa
Tra l'insonnia e le smanie,

Balugina da un faro
Verso cui va tranquillo
Il vecchio capitano.

Kein Sturm mehr die Liebe,
wie er mich jüngst, inmitten
nächtlicher Blendung in Fesseln schlug zwischen
Ohne-Schlaf- und Getriebensein,

ein Blinken ist sie, vom Leuchtturm,
das steuert er an, gelassen,
der alte Kapitän.

Cantetto senza parole

I

A colomba il sole
Cedette la luce...

Tubando verrà,
Se dormi, nel sogno...

La luce verrà,
In segreto vivrà...

Si saprà signora
D'un grande mare
Al primo tuo sospiro...

Già va rilucendo
Mosso, quel mare,
Aperto per chi sogna...

Kleiner Gesang ohne Worte

I

An eine Taube trat
die Sonne ihr Licht ab...

Sie gurrt, wenn du schläfst,
sich dir in den Traum...

Es wird kommen das Licht,
wird leben, geheim...

Und wissen, es ist,
wenn du aufseufzst, eines
Weltenmeers Herrin...

Ein Glanz, kommts daher,
dies Meer, das sich auftut
dem, der da träumt...

2

Non ha solo incanti
La luce che carceri...

Ti parve domestica,
Ad altro mirava...

Dismisura súbito,
Volle quel mare abisso...

Titubasti, il volo
In te smarrí,
Per eco si cercò...

L'ira in quel chiamare
Ti sciupa l'anima,
La luce torna al giorno...

Roma, Ottobre 1957

Das du einschließt, das Licht,
nicht bannts nur, berückt...

Zahm, so mutets dich an,
war nach anderm aus...

Ein Übermaß jäh,
wollts den Abgrund, die See...

Unschlüssiger, in dir
verlor sich der Flug –
nun im Echo gesucht...

Aufgerieben dein Herz
vom zornigen Rufen –
das Licht wendet sich, tagwärts...

Rom, Oktober 1957

Canto a due voci

PRIMA VOCE

Il cuore mi è crudele:

Ama né altrove troveresti fuoco

Nel rinnovargli strazi tanto vigile:

Lontano dal tuo amore

Soffocato da tenebra si avventa

E quando, per guardare nel suo baratro,

Arretri smemorandoti

In te gli occhi e l'agguanti,

Lo fulmina la brama,

L'unica luce sua che dal segreto

Suo incendio può guizzare.

Roma, Domenica-Giovedí 10-14 Maggio 1959

ALTRA VOCE

Piú nulla gli si può nel cuore smuovere,

Piú nel suo cuore nulla

Se non acri sorprese del ricordo

In una carne logora?

Gesang, zweistimmig

DIE ERSTE STIMME

Das Herz ist grausam zu mir:

Es liebt, und auch sonstwo fändst du kein Feuer,

wachsam wie dies beim Erneuern der Pein:

Weitab von deiner Liebe,

gewürgt von Finsternis, stürzt es los,

und wenn du, zu schaun seinen Abgrund,

die Augen zurücknimmst in dich,

gedächtnislos, und es packst,

blitzt das Verlangen es nieder,

das einzige Licht, das aufzucken kann

aus seinem geheimen Brand.

Rom, Sonntag–Donnerstag 10.–14. Mai 1959

Die andere Stimme

Ihm kannst du nichts mehr bewegen im Herzen

nichts mehr in seinem Herzen,
es sei denn herbes Herauf des Erinnerns

in einem aufgeriebenen Fleisch.

Per sempre

Senza niuna impazienza sognerò,
Mi piegherò al lavoro
Che non può mai finire,
E a poco a poco in cima
Alle braccia rinate
Si riapriranno mani soccorrevoli,
Nelle cavità loro
Riapparsi gli occhi, ridaranno luce,
E, d'improvviso intatta
Sarai risorta, mi farà da guida
Di nuovo la tua voce,
Per sempre ti rivedo.

Roma, il 24 Maggio 1959

Für allezeit

Ohne ein Gran von Ungeduld geh ich ans Träumen,
mache ich mich an die Arbeit,
die nicht mehr enden kann,
und nach und nach, an der Spitze,
tun sich den wiedergeborenen Armen
hilfreiche Hände auf,
in deren Höhlung
tauchen die Augen auf, wieder, spenden Licht, aufs neue,
du wirst auferstanden sein, unversehens,
eine Unversehrte, und es geleitet mich
erneut deine Stimme,
für allezeit seh ich dich wieder.

Rom, am 24. Mai 1959

L'indice

Inhalt

Bibliothek Suhrkamp

Alphabetisches Verzeichnis